GLEICH UM DIE ECKE

GLEICH UM DIE ECKE

Zwischen WEISSENSEEr Spitze
und Hamburger Platz

Herausgegeben von Karla Dyck

ISBN 978-3-86557-147-2

1. Auflage
© NORA Verlagsgemeinschaft Dyck & Westerheide (2008)
Torstr. 145, 10119 Berlin
Tel.: 030 20454990 Fax: 030 20454991
E-mail: kontakt@nora-verlag.de
Web: www.nora-verlag.de
Alle Rechte vorbehalten
Druck & Bindung: SDL - Digitaler Buchdruck, 12277 Berlin
Printed in Germany

Die Handschrift der Dinge
bin ich hier zu lesen.

James Joyce

Begleitwort

Bereits vor der Wende bereiste ich allerhand Länder, später dann kamen einige hinzu. Meine weiteste Tour brachte mich nach Australien mit seinen überwältigenden Naturschönheiten, von der Great Ocean Road über den roten Ayers Rock in den nördlichen Regenwald bis an das Great Barrier Reef, wo ich kindlich ausgelassen im Pazifik schnorchelte. Viel intensiver noch verwunderte mich, dem anstrengenden Kessel Deutschland Ost gerade entkommen, allerdings das relaxte Zusammenleben von Menschen aus über 150 Nationen in Melbourne, das meine alte Lebensfreude wieder zurückkehren ließ. In Nordirland und Zypern machten mich hoch militarisierte Wachtürme und Mauern wütend, mit denen britische bzw. türkische Besatzer ihre Machtansprüche fern der Heimat gewaltsam durchsetzen. In den USA erschreckte mich der ausgestellte Reichtum zu Lasten einer unbeschreiblichen Massenarmut, wie es für mich, durch die DDR sozialisiert, alle Jahre meines Lebens in ihr, völlig ausgeschlossen war. Nun lerne ich seit 18 Jahren schon die sich täglich ausbreitende Verarmung der Mittellosen und die Verkommenheit reich Bemittelter in meinem alten neuen Land kennen.

Im Sommer 2007 fuhr ich nirgendwohin, weder in meinen Lieblingspub nach Belfast, wo die Internationale zum Repertoire eines sanften Freitagnachmittags gehört, während Arbeiter ihre müden Glieder beim Guinness entspannen, noch an vom Atlantik überschäumte Klippen oder ein russisches Dörfchen bei Kaliningrad. Ich blieb zu Hause in meinem kleinen Viertel in Weißensee zwischen Hamburger Platz und *Spitze*, im Nordosten Berlins. Obgleich ich hier schon seit Jahren eine feste Adresse habe, entdeckte ich es erst jetzt. Nicht vorsätzlich, sondern zufällig eines Abends, gleich schräg gegenüber meiner Wohnung inmitten eines unverhofft üppig grünen Hinterhofs, besäumt von altem Gemäuer, einem unscheinbaren Holztor, einer Backsteinfabrik mit toten Augen, einem beleuchteten Atelier (das war der Anlass des Besuchs) und einer allem Gewächs überlegenen Linde, deren wehende Arme den Stadtlärm genüsslich verschlangen und nur die von unserer Antiquarin vorgetragenen Erzählungen Wassili Schukschins und Bohumil Hrabals zu dulden schien und unser helles Kichern auf diesem Fleckchen Erde. Diese prächtige Linde streckte lächelnd sich in den kühlen blauen siebten Himmel. Oder war's nur ich in einem luftigen Augenblick wogender Glückseligkeit? So berauschend, so beschützend, so alle Traurigkeit vergessend konnte es hier sein! Gleich um die Ecke. Und nebenan, hinter der Remise vermutlich auch. In die dürftige Herbheit unseres Viertels strebt kaum ein Tourist, hier ist man unter sich oder, wenn alle Straßenbahnen und Busse es durchfahren haben, allein. Ungestört kann ich meine Schritte setzen, anhalten und festhalten. Meinem Mann, dem ich als Erstem mein schier unerwartetes Begebnis und die sich daraus entwickelnde Buchidee anfänglich verlegen, aber dann impulsiver antrug, befand schmunzelnd, Inspirator sei doch sicher Joyce gewesen. Nein, ihn verehre und lese ich immer aufs Neue. Die Sehnsucht, die Eigentümlichkeit meines Viertels in einem Büchlein mit Fotos wiederzugeben, überkam mich tatsächlich in der Nacht, die jenem inspirierenden Sommerabend folgte und da war Joyce überhaupt nicht im Spiel. Unsere Antiquarin Sonja Hamacher, der ich die Einladung zum »Tag des offenen Ateliers« verdanke, bat ich revanchierender Weise ein paar Tage später auf meinen Balkon und konfrontierte sie mit der Idee. Mein Interesse lenkte sie sogleich auf David R., ihren Mitkollegen, der schon seit Jahren aufmerksam fotografierend durch Straßen und Häuser streift. Und es ergab sich schnell ein Kennenlernen an seinem zwischen Bergen gestapelter Literatur eingeklemmten Arbeitsplatz im Lager des Mendel-Antiquariats und freudig gleichgesinntes Austauschen über die vielfältigen Verrichtungen der Leute in unserem Karree.

Hierhin knallen nicht nur die Hitze, die rasende Nervosität und der Lärm des 21. Jahrhunderts, sondern schlagen auch seine verletzlichen Scherben auf. Hoch über uns immerfort Flugzeuge, von denen wir nie wissen, ob sie ahnungslose Ballermänner nach Mallorca oder wieder zum feigen Foltern in den Irak donnern oder für andere Kriege gekaufte Beamte samt ihrer Journaille über unsere Köpfe jetten. Die Eigenwilligkeit unseres Viertels entspringt seiner gänzlichen Unvollkommenheit, ja bunten Ärmlichkeit, zu der sich immer auch Schmutz und Bitterkeit, kostbarer Staub, wie es Paustowski poetisch sagen würde, gesellen. Neben der vietnamesischen Blumenhändlerin und dem kurdischen Bistro versuchen die polnische Nähstube, die italienische Nachtbar und der türkische Bäcker im Überlebenskampf mit den ebenso kleinen deutschen Läden und Kneipen ihr bescheidenes Glück. Mögen sie alle, wie in meinem erinnerten Melbourne, trotzig heiter zueinander rücken und nicht an den harten Tatsachen zerbrechen. I have a dream.

Die vielen Gewerbe-, Künstler- und Gasthöfe stehen gegen die öde Uniformität sich breitmachender Discounterkästen. Bei meinen Wegen begleiten mich schrill wechselnd efeubewachsene Fabrikruinen, wieder schön restaurierte Fassaden typisch Weißenseer Häuser, vergessene Brachen dichten Melde- und Beifußgestrüpps, mit Gerüsten und Planen geheimnisvoll Verhangenes und sich behauptende Lückenbauten der Nachwendezeit. Wilder Wein umrankt manchesmal miteinander, was eigentlich nicht zusammengewachsen gehört. Das sogenannte Prekariat wankt von einer Ecke zur nächsten (ach, wäre es nur so lebendig wie die Hamburger Robin Hoods und eröffnete gleich ihnen ein Verfahren gegen die Ungerechtigkeit) und schiebt seinen bass erstaunten Blick auf einen fetten Mercedes vor dem Spielcasino, der nach kurzem Geschäftchen rasch wieder in glitzernde Welten entflogen ist.

Hier bin ich unausweichlich Teil einer verlorenen, momentanen und sich anbahnenden Zeit (»Halt dich ans Jetzt, ans Hier, durch das alle Zukunft sich in die Vergangenheit stürzt.« – unverwechselbar Joyce), Teil aller Dinge und menschlichen Geschehnisse, gleich ob mich rohes Geschrei des Nachts weckt und schlaflos macht oder die Blässe einer allein erziehenden Mutter in aller Herrgottsfrühe am Sparkassenautomaten anrührt. Nach der Wende hat sich das Aussehen Vieler verändert. Nicht wenige sind von Arbeitslosigkeit, kalter Einsamkeit oder zu viel Alkohol gestempelt. Auch übermäßiger Konsum und künstliche Bräune machen dick und hässlich. Armut gleich welcher Art ist immer erbärmlich. Ich habe sie entstehen und wachsen sehen, Jahr für Jahr, und weiß, woher sie rührt und welche Verzweiflung sie zeugt. »Die Freiheit ist nur ein eitles Hirngespenst, wenn eine Klasse die andere ungestraft aushungern kann« erkannte 1793 treffend der Priester Jacques Roux. Die Welt ist den Menschen, eben solchen wie mir und meinesgleichen immer weniger gemäß. Uns, den Verlierern aber ist alle Poesie der Welt gewidmet und geschenkt, tröste ich mich. »Durchs Leben zu kommen ist unser gemeinsames Schicksal« spricht es die irische Autorin Nuala O'Faolain in ihrem jüngsten Buch »Sein wie das Leben« wunderbar versöhnlich aus.

Das Herz meines kleinen Viertels ist das Mendel-Antiquariat von Sonja und David, wo vier Stunden am Tag Menschen Bücher erschwinglich kaufen und verkaufen oder Dinge und Schriftsteller sagen und lesen dürfen, die nicht mehr opportun sind. Hier komplettiere ich gelegentlich unsere häusliche Bibliothek mit Weltliteratur. Neulich erstand ich die hervorragende DDR-Edition gesammelter Essays meiner geschätzten Virginia Woolf, die wiederum die Russen, insbesondere Tschechow weit über ihre englischen Zeitgenossen stellt und ihn allen, nicht nur schreibenden Menschen so stark berührend wie sanft ermahnend zurufen lässt: »Lerne, dich den Menschen verwandt zu machen ... Aber lass diese Sympathie nicht bloß im Verstand – denn im Verstand ist sie leicht –, trag sie im Herzen, mit Liebe zu den Menschen.«

Es wäre zu schön, wenn unsere Bilder gleichermaßen sprechen könnten. Sie entstanden durch die unterschiedlichen Blicke von Sonja, David, meinem Mann Philipp und mir und durch unterschiedliche Kameras. Wir, vier »Fotografen« näherten uns – unserem Naturell gemäß – den Angesprochenen auf sehr verschiedene Art. Sonja und ich kommunizierten eher direkt, während die Männer verhalten, ja scheu die Stille der Dinge bevorzugten. Unsere tätige Neugier erntete in jedem Fall große Offenheit. Dies beim Unterwegssein unerwartet zu erleben, hat uns sehr glücklich gemacht.

Berlin, August 2007
Karla Dyck

Städteweise sterben sie hin, städteweise kommen sie neu und sterben ebenfalls wieder hin: weitere kommen an, gehen ab. Häuser, reihenweis Häuser, Straßen, Meilen von Pflaster, gestapelte Ziegel, Steine. Von einer Hand in die andere. Jetzt gehörts dem, dann jenem. Der Hauswirt stirbt nie, sagt man. Ein anderer tritt in seine Schuhe, wenn er selber seine Kündigung kriegt. Sie kaufen den Platz mit Gold, und doch haben sie immer noch alles Gold. Da steckt doch irgendwo ein Schwindel drin. In Städten aufgehäuft und wieder abgetragen, Zeitalter um Zeitalter. Pyramiden im Sand. Gebaut auf Brot und Zwiebeln. Sklaven. Die Chinesische Mauer. Babylon. Nur noch große Steine übrig. Rundtürme. Der Rest ist Bruch, wuchernde Vorstädte, minderwertig gebaut, Kerwans Eintagshäuser, aus Schlacke gebaut. Obdach für die Nacht. Niemand ist etwas.

Aus »Ulysses« von James Joyce

Häuser

14

Oben: Im Backshop von Anke Spörkmann,
        Langhansstr. 95, gibt es die besten Brötchen.
Unten: Die Bäckerin dagegen hat viel Zeit ...

Herrliches Bistro an der Spitze

Oben: Änderungsschneiderei von Anja Fähnrich

Änderungsatelier von Hanne Weirich

Oben: Unsere Blumenhändlerin Bui Thi Kim,
Charlottenburger/Gustav-Adolf-Straße

28

Mendel-Antiquariat von Sonja Hamacher und
David R., Gustav-Adolf-Str. 14

29

Druckerei Schmohl in der Gustav-Adolf-Str. 150

Gasthäuser

Oben: Jan, der Wirt des »mocca«
Unten: Die »Kunstpause« von Hartmut Hanke

Höfe

Buntes

Die Geburt des Ostens
oder eine Träne Gottes

1999

Idee / Ausführung
Architekt Werner R. Gotz
Bildhauerin Jana Grzimek

[siehe Diebeschütz]

66

Brachen

Bekenntnisse

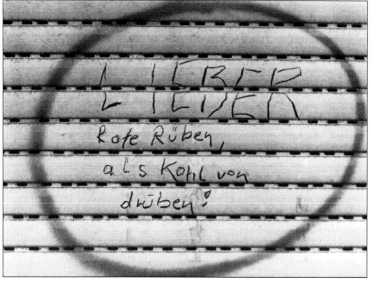

91

»Brotfabrik« – Galerie

Im Hof der »Brotfabrik«

Atelier von Erich Paproth

KLASTER ROYALL
Ishlar Smolny & Franziska Weiss

Musikschule Pankow
Zweigstelle Weißensee

Sonic Sofa Studio
B.Deutung, Richard Pappik, Michael Prieß
und Malcom Arison

Galerie Emma T.

Matthias Kutzner, Maler

Kerstin Grimm, Malerin

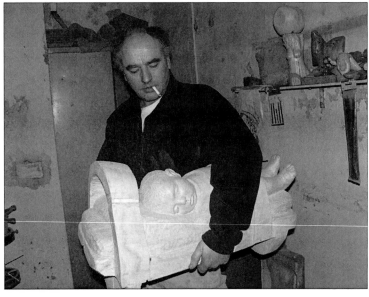

Oben: Galerie Flierl
Unten: Rama Ukaj, Bildhauer

Kunstgießerei Flierl

Kunsthochschule Berlin-Weißensee

Kunsthochschule Berlin-Weißensee

Historisches Kino »Delphi«

»Zurückgekehrt nach fünfzehnjährigem Exil
Bin ich eingezogen in ein schönes Haus ...«
Aus »Ein neues Haus« von Bertolt Brecht

IN WEISSENSEE

Da, wo Chamottefabriken stehn
– Motorgebrumm –
da kannst du einen Friedhof sehn,
mit Mauern drum.
Jedweder hat hier seine Welt:
ein Feld.
Und so ein Feld heißt irgendwie:
0 oder I...
Sie kamen hierher aus den Betten
aus Kellern, Wagen und Toiletten,
und manche aus der Charite
nach Weißensee,
nach Weißensee.

Wird einer dort frisch eingepflanzt
nach frommem Brauch,
dann kommen viele angetanzt –
das muß man auch.
Harmonium singt Adagio
– Feld 0 –

das Auto wartet – Taxe drei –
– Feld Ei –
Ein Geistlicher kann seins nicht lesen.
Und was er für ein Herz gewesen,
hört stolz im Sarge der Bankier
in Weißensee,
in Weißensee.

Da, wo ich oft gewesen bin,
zwecks Trauerei,
da kommst du hin, da komm ich hin,
wenns mal vorbei.

Du liebst. Du reist. Du freust dich, du –
Feld U –
Es wartet in absentia
Feld A.
Es tickt die Uhr. Dein Grab hat Zeit,
drei Meter lang, ein Meter breit.
Du siehst noch drei, vier fremde Städte,
du siehst noch eine nackte Grete,
noch zwanzig, – dreißigmal den Schnee
Und dann:
Feld P – in Weißensee –
in Weißensee.

Theobald Tiger, d. i. Kurt Tucholsky

In Weißensee ...